ACADÉMIE IMPÉRIALE DE MUSIQUE

L'ÉTOILE DE MESSINE

PRIX : 1 FRANC

PARIS
MICHEL LÉVY FRÈRES, LIBRAIRES-ÉDITEURS
RUE VIVIENNE, 2 BIS
1862

L'ÉTOILE DE MESSINE

BALLET-PANTOMIME EN DEUX ACTES

ET SIX TABLEAUX

PAR

MM. PAUL FOUCHER ET BORRI

MUSIQUE DE

M. LE COMTE GABRIELLI

Décorations de MM. Despléchin (1er, 2e & 5e tableau); — Thierry (3e tableau); — Martin (4e tableau); — Cambon (6e tableau).

Représenté pour la première fois à Paris, sur le théâtre impérial de l'Opéra, le 20 novembre 1861.

PARIS

MICHEL LÉVY FRÈRES, LIBRAIRES ÉDITEURS

RUE VIVIENNE, 2 BIS

MADAME VEUVE JONAS, LIBRAIRE DE L'OPÉRA

1862

PERSONNAGES

GIANNI, premier danseur d'une compagnie italienne nomade, frère aîné de Gazella....................	MM. Mérante.
JACOPO, chef de la compagnie....................	Berthier.
Don FLAMINIO DE MENDOZA....................	Coralli.
Don RAPHAEL DE LEMOS....................	Chapuy.
LE DUC DE LEMOS, son père, gouverneur de Messine.	Lenfant.
MOMOLO, jeune pêcheur sicilien....................	Bauchet.
MYRTHO, danseur de la compagnie nomade..........	Cornet.
LE VICE-ROI DES DEUX SICILES....................	Estienne.
UN HÉRAUT....................	Pluque.
GAZELLA, première danseuse de la compagnie nomade....................	Mmes Ferraris.
LA COMTESSE ALDINI, jeune veuve, fiancée de don Raphaël....................	Marquet.
JACINTA, vieille actrice de la troupe....................	Aline.
ROSETTA, jeune hôtelière....................	Morando.

PERSONNAGES DU DIVERTISSEMENT FANTASTIQUE

LA RÉVOLTE DES FÉES

URAGANA, reine des fées....................	Mlle	Fanny Génat.
LA FÉE FIAMMA, sa confidente....................	Mlle	Ferraris.
BENVOLIO, jeune mortel, aimé d'Uragana.........	M.	Mérante.
UNE JEUNE FÉE....................	Mlle	Cl. Laurent.

La scène est à Messine, vers 1660. La Sicile gouvernée par l'Espagne.

Pour les maquettes ou dessins des décors, les dessins des costumes, et tous les détails du ballet, s'adresser à l'office de mise en scène dirigé par M. David fils, rue Saint-Georges, 9, à Paris

DANSE

PREMIER TABLEAU

LES MASQUES

Quadrille des Pierrettes roses et noires.

Mlles Baratte, Lamy, Segaud, Poinet, Fiocre 2, Giraut, Morlot, Cassegrain.

Quadrille des Pierrettes bleu-ciel.

Mlles Danse, Villeroy, Dauwes, Crétin, Laurent, Leroy, Thibert, Gambelon.

Quadrille des Monténégrines.

Mlles Condoin, Minet, Tarlé, Montaubry, Pillatte, Bourguignon, Hairivau, Rust.

Quadrille des Magiciennes.

Mlles Deleonet, Savile, Vibon, Volter 2e, Volter 1re, Mauperin, Jousset, Santanera.

Quadrille des Bergères.

Mlles Sanlaville, Caron, Pouilly, Malot 1re, Demerson, Alexandre, Brach 2, Desvignes.

Quadrille des Folies rouges.

Mlles Ribert 1re, Thomasson, Canet, Balson, Lesage, Frimat, Simon, Georgeault.

Quadrille des Folies bleues.

Mlles Valet, de Marconnay, Parent 2, Allias, Laurency, Piquart, Munié, Malot 2e.

Quadrille des Monténégrins.

MM. Lefèvre, Gondoin, Caré, Monfallet, Bion, Bertrand, Leroy, Scio.

Quadrille des Bergers verts.

MM. Darcourt, Meunier, Pissarello, Josset, Galland, Lecerf, Barbier, Fournier.

Quadrille des Magiciens.

MM. Fanget, Salomon, Perrot, Michaux, Desvignes, Gabiot 1, Quentin, Gabiot 2.

Quadrille des Bergers d'Urfé.

MM. Rust, Bretonneau, Guillemot, Tourneur, Andoul, Lavigne, Hoquante, Granjon.

Quatre petits masques.

MM. Ruault, Fournot, Porcheron, Léger.

Seize seigneurs
Seize masques } comparses.
Dix servants

Huit dames nobles.

Mlles Meunier, Letellier, Meurant, Lefèvre, Lacroix, Guéroult, Arbel, Buhler.

Huit masques variés.

Mlles Touzard, Peroly, Masson, Gabot, Jardin, Perken, Giroux, Gillet.

Pas de caractère.

Les jardiniers.

Mlles Carabin, Rousseau, Stoïkoff, Parent.

Couple Rococo.

Mlles Schlosser, Pilvois.

Couple Pulcinella.

M. Petit, Mlle Morando.

Couple d'Arlequin balourd.

M. Berthier, Mlle Fiocre 1re.

Couple polonais.

Mlles Simon, Mercier.

Pas de deux.

M. Mérante, Mme Ferraris.

Ballabile final.

DEUXIÈME TABLEAU

Polka comique.

MM. Mérante, Coralli, Mme Ferraris.

TROISIÈME TABLEAU

Huit seigneurs.

MM. Lefèvre, Caré, Monfallet, Bion, Pissarello, Scio, Darcourt, Gondoin.

Huit bouquetières.

Mlles Balson, Lesage, Georgeault, Valet, Frimat, Simon, de Marconnay, Canet.

Huit jardinières.

Mlles Allias, Laurency, Piquart, Munié, Malot 2e, Ribet, Thomasson, Parent 2.

Seize femmes du peuple.

Mlles Meunier, Letellier, Meurant, Lefèvre, Buhler, Touzard, Peroly, Guéroult, Masson, Lacroix, Gabot, Arbel, Jardin, Perken, Giroux, Gillet.

Vingt hommes du peuple.

MM. Josset, Galland, Fournier, Fanget, Meunier, Michaux, Gabiot 2, Salomon, Bretonneau, Guillemot, Tourneur, Lavigne, Hoquante, Granjon, Rust, Ruault, Fourneau, Porcheron, Léger, Élisée.

Pas de huit.

M. Bauchet.

Mlles Morando, Fiocre 1re, Beaugrand.
Mlles Parent, Baratte, Lamy, Poinet.

Douze soldats
Vingt-quatre hommes siciliens } comparses.
Quatre porteurs

Tarentelle finale.

M. Mérante, Mme Ferraris.

Mlles Baratte, Parent, Laurent, Leroy, Thibert, Hairivan, Poinet, Fiocre 2e, Segaud, Lamy, Villeroy, Danse, Montaubry, Crétin, Giraut, Cassegrain, Gambelon, Genty, Tarlé, Pilatte, Savile, Rust, Bourguignon, Minet, Pouilly, Malot 1re, Demerson, Dauwes, Alexandre, Brach 2, Sanlaville, Desvignes, Deleonet, Vibon, Volter 2e, Volter 1re, Mauperin, Caron, Santanera, Jousset.

MM. Bertrand, Leroy, Lecerf, Barbier, Gabiot 1er, Quentin, Perrot, Desvignes.

—

QUATRIÈME TABLEAU

Seize seigneurs.

MM. Leroy, Bertrand, Josset, Pissarello, Lecerf, Barbier, Fournier, Fanget, Meunier, Perrot, Michaux, Desvignes, Gabiot 1er, Quentin, Gabiot 2e, Salomon.

Quatre pages.

Mlles Touzard, Masson, Gabot, Gillet.

Huit dames.

Mlles Buhler, Peroly, Guéroult, Lacroix, Arbel, Jardin, Perken, Giroux.

Huit seigneurs.

MM. Lefèvre, Bretonneau, Caré, Monfallet, Bion, Scio, Darcourt, Gondoin.

—

CINQUIÈME TABLEAU

LA RÉVOLTE DES FÉES

TABLEAU FANTASTIQUE

Uragana, reine des fées,	Mlle Génat.
Fiamma, autre fée, sa confidente,	Mme Ferraris.
Benvolio, jeune mortel aimé d'Uragana,	M. Mérante.
Une jeune fée,	Mlle Laurent.

Quatre Vengeances.

Mlles Meunier, Letellier, Meurant, Lefèvre.

Nymphes bleu-ciel.

Mlles Baratte, Lamy, Segaud, Poinet, Fiocre 2, Giraud, Cassegrain, Morlot.

Nymphes roses.

Mlles Danse, Crétin, Villeroy, Laurent, Leroy, Thibert, Genty, Balson.

Nymphes jaunes.

Mlles Minet, Montaubry, Tarlé, Pilatte, Bourguignon, Rust, Hairivau, Deleonet.

Nymphes rouges.

Mlles Savile, Volter 2, Vibon, Volter 1re, Mauperin, Jousset, Santanera, Caron, Pouilly, Malot 1re, Brach, Saulaville, Demerson, Alexandre, Desvignes, Dauwes.

Nymphes blanches.

Mlles Lesage, Frimat, Simon, Georgeault, Valet, de Marconnay, Canet, Allias, Laurency, Piquart, Munier, Malot 2e, Ribet, Thomasson, Parent 2e, Parent 3e.

Pas de deux.

M. Mérante, Mme Ferraris.

Nymphes.

Mlles Savel, Moncelet, Carabin, Rousseau, Schlosser, Pilvois, Simon, Stoïkoff, Mercier, Parent.

—

SIXIÈME TABLEAU

BALLABILE DES PROVINCES

Premier corps : Piémontais.

Mlle Montaubry, Thibert, Pilatte, Gambelon, Condoin, Bourguignon, Rust, Savile, Hairivau, Minet, Deleonet, Tarlé.

Deuxième corps : Milanais.

M^les^ Vibon, Volter 2e, Volter 1re, Jousset, Mauperin, Caron, Santanera, Pouilly, Demerson, Malot 1re, Alexandre, Brach 2e.

Troisième corps : Florentins.

Mlles Desvignes, Sanlaville, Lesage, de Marconnay, Dauwes, Georgeault, Frimat, Canet, Balson, Valet, Simon, Allias.

Quatrième corps : Vénitiens.

Mlles Carabin, Rousseau, Schlosser, Pilvois, Simon, Mercier, Stoïkoff, Parent.

Cinquième corps : Napolitains.

Mlles Poinet, Baratte, Segaud, Lamy, Cassegrain, Fiocre 2e, Morlot, Danse, Crétin, Villeroy, Laurent, Leroy.

Huit pêcheurs.

MM. Bertrand, Leroy, Lecerf, Barbier, Josset, Galland, Fauget, Élisée.

Marchands de macaroni.

MM. Meunier, Perrot, Michaux, Desvignes.

Marchands ambulants.

MM. Gabiot 1er, Quentin, Gabiot 2e, Salomon.

Douze petits matelots.

MM. Bretonneau, Guillemot, Tourneur, Andoul, Hoquante, Granjon, Rust, Ruault, Fournot, Lavigne, Porcheron, Léger.

Enfants de pêcheurs.

Mlles Laurency, Piquart, Munier, Malot 2e, Ribet, Thomasson, Parent 2e.

Quatre femmes du peuple.

Mlles Meunier, Letellier, Meurant, Lefèvre.

Quatre pages.
Huit dames nobles.
Seize seigneurs.
Douze gardes.
Huit matelots.
Huit charlatans.
Un pulcinella napolitain.

Pas final.

M. Mérante, Mme Ferraris.

L'ÉTOILE DE MESSINE

ACTE PREMIER

PREMIER TABLEAU

Un casino à Messine

Au lever du rideau, la fête est dans toute son animation. Danses et mascarades.

Les joyeuses intrigues se nouent dans les quadrilles ou les valses. Costumes pittoresques; des dominos protégent l'incognito de la bonne compagnie, qui vient sous le masque assister à des plaisirs exempts d'étiquette.

Le marquis don Flaminio, vieux fat, coquettement attifé, se promène et tâche de faire oublier le nombre de ses années par celui de ses conquêtes.

Don Raphaël de Lemos, au contraire, paraît très-absorbé. Il est sous des habits très-simples qui déguisent son rang: il tire de son sein un médaillon et contemple avec amour le portrait que ce bijou renferme. A ce moment, don Flaminio arrive et regarde par-dessus son épaule. Don Raphaël se retourne. — Étonnement de don Flaminio en le reconnaissant sous ces humbles vêtements; il soupçonne quelque amourette sentimentale et raille son jeune ami sur son air sérieux et préoccupé... Plus on traite légèrement les belles, plus elles vous aiment.

Don Flaminio en est un exemple, lui qui se croit poursuivi de toutes les femmes, et, en effet, une dame masquée s'approche...

Don Flaminio croit que c'est pour lui et court au domino, qui, tout en intriguant l'un et l'autre, a surtout les yeux fixés sur don Raphaël; l'inconnue quitte enfin don Flaminio pour faire un tour de valse avec le jeune homme, dont elle semble vouloir connaître la secrète pensée. Le médaillon suspendu à un ruban et caché à demi sur la poitrine de don Raphaël n'échappe pas aux yeux de la dame masquée, qui lui demande ce bijou mystérieux. Raphaël le refuse. — Irritation du domino, qui se démasque et laisse voir les traits de la comtesse Aldini, la fiancée de Raphaël!

Surprise des deux hommes. La comtesse fuit... Raphaël veut la suivre. Un cavalier masqué s'interpose entre elle et lui, et Raphaël, maîtrisé par un respect instinctif, s'arrête, pendant que le domino masculin entraîne la comtesse jalouse en lui faisant comprendre qu'il veillera sur don Raphaël.

Don Raphaël est troublé, inquiet; mais celle à qui toute son âme appartient va danser dans ce casino ; il ne pense plus bientôt qu'au bonheur de la voir apparaître. Le chef de la compagnie nomade vient, en effet, annoncer l'apparition de l'étoile voyageuse, celle dont le talent, la beauté font la gloire et la fortune de la troupe des artistes voyageurs, la ravissante ballerine que la prodigieuse légèreté de sa danse a fait nommer Gazella.

A l'occasion du passage du vice-roi des Deux-Siciles, on vient de l'appeler avec ses compagnons à Messine, où elle est déjà l'idole du peuple.

Gazella paraît ; elle bondit. elle vole aux applaudissements enthousiastes de la foule! En saluant l'assemblée, elle se tourne vers Raphaël, et ses regards font comprendre qu'elle a déjà remarqué le jeune homme.

Celui-ci, de son côté, a comparé les traits de Gazella avec le médaillon qu'il porte sur lui, et s'enivre à la fois de la vue du portrait et du modèle ; mais don Flaminio, venu surtout pour faire la conquête de la belle danseuse, s'approche de Gazella et lui offre un magnifique bouquet ; celle-ci le rejette avec dédain et choisit une humble fleur que lui présente don Raphaël, qu'elle suppose son égal et qu'elle aime. Bonheur de don Raphaël !

Colère de don Flaminio, qui rappelle à don Raphaël les serments qui l'unissent à la comtesse. Gazella le calme avec son habileté féminine et réconcilie les deux amis.

Gianni, son frère, qui semble jaloux comme un amant, met fin à la scène. Jacopo apporte à Gazella son tambourin. — Gianni et Gazella reprennent à deux le pas. Gianni entraîne ensuite Gazella, qui cherche encore don Raphaël du regard.

Don Flaminio, s'est éloigné; mais, au moment où don Raphaël est le plus absorbé dans la pensée de celle qu'il adore, le domino qui accompagnait la comtesse reparaît. Il met la main sur l'épaule de don Raphaël et se démasque. Don Raphaël reconnaît son père, qui lui reproche vivement ses vulgaires amours; il lui annonce que, le lendemain, au palais du gouvernement et sous les auspices du vice-roi, dont la comtesse Aldini est nièce, sera signé son contrat de mariage avec la jeune veuve.

Trouble et confusion de Raphaël, qui fait comprendre qu'un parti désespéré, la fuite, peut seul le tirer de cette situation... Mais son père met fin à ses hésitations en l'entraînant. Les danses reprennent plus vives que jamais et terminent le tableau.

DEUXIÈME TABLEAU

Intérieur de l'hôtellerie où loge une partie des danseurs nomades

Jacinta, la plus ancienne actrice de la troupe, est restée seule à attendre ses compagnons.

Entrée de quelques danseurs, de jeunes ballerines et du chef.

Ce dernier compte la recette : elle est magnifique. grâce à Gazella ; la joie est générale.

Entre Gianni, précédant seulement d'un moment l'Étoile de Messine : il est pensif. Jacopo l'interroge sur sa tristesse. Une compagne allégerait pour lui le fardeau de cette vie errante. Il est jeune encore et toutes seraient heureuses de l'accepter pour maître.

Jacinta lui en désigne plusieurs des plus jolies. — Oui, elles sont jolies, — mais son cœur n'est pas là.

Jacopo fait signe à Jacinta que Gianni a un douloureux secret. Ce secret, Jacinta le connaît, elle est prête à parler, — mais Gianni lui met vivement la main sur la bouche.

Gazella paraît au même moment, joyeuse encore de son succès. Mais, après avoir reçu les compliments, elle demande à rester seule ; tout le monde se retire. Gazella, abandonnée à elle-même, songe à l'inconnu qui lui est si cher. Elle effeuille une marguerite. Le gracieux oracle qu'elle consulte ne la rassure pas. Demeurée sous l'impression de doutes instinctifs, de craintes cruelles, elle contemple avec un amour inquiet le bouquet que Raphaël lui a donné.

Arrivée subite de don Raphaël. Trouble et effroi de Gazella à sa vue. Elle lui exprime ses doutes.

Don Raphaël combat cette défiance, mais il n'y a qu'un moyen de les dissiper.

Il lui propose de fuir tous deux pour vivre à jamais l'un pour l'autre, et inséparables, dans une retraite lointaine.

La jeune danseuse refuse d'abandonner son frère, ses compagnons qui l'adorent, dont elle est la gloire et l'existence ; et cependant comment ne pas être émue du dévouement de Raphaël ? Des serments d'amour sont échangés; mais à ce moment on entend frapper. Don Raphaël craint d'être vu. — Gazella le fait évader.

Don Flaminio paraît : il cherche à tenter la jeune fille par l'offrande de riches bijoux que Gazella n'a pas de peine à repousser. La scène s'anime. Don Flaminio semble vouloir exiger ce qu'il sollicitait, lorsque rentrent très à propos Gianni, Jacopo, Jacinta et tous les hôtes de la maison. Colère de Gianni à la vue de don Flaminio.

Don Flaminio croit fermer la bouche à ce croquant en lui mettant une bourse dans la main. Cette offre même fait éclater Gianni, qui veut rejeter avec indignation l'argent.

Jacopo le prend et rappelle à la fois Gianni aux inspirations de la prudence et aux intérêts de la recette.

Interrogé au sujet de sa visite, don Flaminio dit qu'il est chargé par le gouverneur de venir engager la troupe nomade pour représenter un ballet dans la fête que donne le vice-roi à l'occasion du mariage de sa nièce avec don Raphaël, le fils du gouverneur de Messine. C'est pour cela qu'il venait chercher une nouvelle preuve des talents de la charmante ballerine, et c'était de cette répétition de danse que cet argent devait être le prix.

Jacopo fait comprendre que, s'il en est ainsi, c'est de l'argent bien gagné : Gazella se doit au public ; don Flaminio est public, et elle va danser pour lui.

La jeune fille, qu'ont blessée les prétentions insultantes de don Flaminio et chez qui la malice de la fille d'Ève ne perd jamais ses droits, se promet de punir le vieux fat en lui obéissant, et alors, dansant avec Gianni, elle déploie devant don Flaminio des poses si séduisantes, elle le crible d'œillades si provoquantes, que son amour est porté jusqu'au délire !

Il cherche en vain à suivre Gazella dans ses évolutions rapides, et tombe enfin tout essoufflé sur une chaise où la danseuse le laisse.

En la voyant disparaître, don Flaminio veut la suivre: mais Jacopo l'arrête, et, trouvant qu'enfin don Flaminio outre-passe ses droits de public, entraîne de force le vieux fat éperdu.

TROISIÈME TABLEAU

Rivage de la Sicile, près Messine. Paysage d'un aspect grandiose. Au dernier plan, un speronare (bâtiment léger) est à l'ancre. Au premier plan et sur le côté une petite hôtellerie. — Une fête populaire va se célébrer sur la plage.

Rosetta sort de l'hôtellerie; elle est bouquetière et rencontre ses compagnes, déjà tout heureuses de la fête. Elle ne partage qu'à demi leur gaieté: elle attend un jeune pêcheur chargé par un grand seigneur d'une mission en mer. Il tarde à revenir, et Rosetta songe à la tempête qui a éclaté sur ces rivages; mais Momolo met un terme à ses inquiétudes en paraissant sur sa barque. Petit dialogue amoureux terminé par un engagement mutuel de mariage. Rosetta se livre alors sans réserve aux joies et à la danse avec son fiancé et les jeunes bouquetières ses compagnes.

La plage se remplit de monde. Un héraut vient au même moment déployer un placard annonçant que, le lendemain, il y aura fête et spectacle au palais du gouvernement, à l'occasion du mariage de la nièce du vice-roi avec le fils du gouverneur. Les jardins du palais seront ouverts au peuple. Jacopo, qui arrive avec la compagnie nomade, fait comprendre que Gazella et tout le corps de ballet voyageur sont engagés pour donner une représentation dans la fête du mariage; en attendant, ils sont venus assister sur ce rivage à la solennité populaire qui ne serait pas une fête pour Messine si son idole n'y figurait pas. Gianni paraît avec Gazella; il est toujours jaloux et préoccupé. Il fait connaître à sa sœur qu'aussitôt après avoir réalisé la bonne aubaine que leur vaudra un illustre mariage, il quittera la Sicile; car il soupçonne que la jeune ballerine y a laissé prendre son cœur. Désespoir de Gazella, qui va être séparée pour toujours de celui qu'elle aime. En ce moment elle aperçoit don Raphaël, qui, caché derrière un rocher, lui fait signe qu'il a à lui parler; elle lui fait signe de l'attendre; puis, laissant sortir ses compagnons, elle demeure seule et peut enfin se trouver avec don Raphaël.

Scène des deux amants. Nouvelles instances de don Raphaël pour que tous les deux fuient ensemble. La nuit qui tombe en ce moment va les protéger.

Gazella, qui ne peut supporter la pensée de ne plus revoir don Raphaël, s'engage enfin à partir dès qu'elle aura pu quitter ses compagnons.

Raphaël lui annonce qu'un batelier qui lui est tout dévoué, et par les soins duquel il s'est assuré les moyens de fuir, viendra dans quelques instants la chercher. Une barque la conduira au bâtiment qu'on aperçoit à l'horizon et où l'attendra don Raphaël; pour plus de sûreté, pour que Gazella ne se confie pas à un autre que le guide qui lui est envoyé par son amant, l'émissaire devra montrer à la jeune fille le médaillon que don Raphaël a fait faire et qui renferme le portrait de Gazella. Mais, redoutant toujours d'être surpris et découverts, les deux amants se séparent, et Gazella va revêtir les habits qui doivent la déguiser aux yeux de tous. Don Raphaël aperçoit venir Momolo, lui donne ses instructions et lui confie le médaillon, puis sort. Alors don Flaminio, qui était aux aguets, se montre; il a compris tout ce qui se passait. Il va au batelier, et, moitié autorité, moitié séduction à prix d'or, il obtient de Momolo; gagné, son manteau, son chapeau et le médaillon qu'il devait montrer à la belle: puis il attend Gazella dans la barque. Celle-ci reparaît, troublée, désespérée; mais, ne pouvant résister à l'appel de celui qu'elle aime, elle fait ses adieux par la pensée à ses compagnons qu'elle abandonne et qu'elle ne reverra plus.

Le faux batelier, que cachent le grand manteau et le large chapeau, vient au-devant d'elle en lui présentant le médaillon. La jeune fille croit reconnaître l'envoyé de celui qu'elle aime et se dirige avec lui vers le bateau ; mais Gianni, qui s'était aperçu de son absence et qui la cherche toujours avec inquiétude, l'aperçoit, prête à disparaître; — il s'élance, d'une main saisit Gazella, de l'autre il fait tomber le large chapeau du batelier, et découvre la tête ridée de don Flaminio.

Gianni livre le ravisseur à ses compagnons, qui, furieux qu'on ait voulu leur enlever leur providence, chargent de coups le séducteur infortuné.

C'était don Flaminio que Gazella suivait! Aux yeux de Gianni, ce n'est donc même pas un amour excusable, mais le vil appât de l'or qui l'entraînait! Il lui reproche avec une amertume sans cesse croissante d'abandonner ceux qui l'aiment, ses frères dont elle est la gloire et le soutien.

L'exaspération de Gianni n'a bientôt plus de bornes. Il saisit rudement sa sœur, l'accable de reproches et de malédictions; il lève la main sur elle pour la frapper. alors le peuple, qui s'est amassé durant cette scène tumultueuse, voyant outrager son idole, se précipite avec rage sur Gianni: en un clin d'œil, il est enlevé, terrassé; dix couteaux vont à son cœur! Mais, plus prompte que l'éclair, Gazella s'élance et le couvre de son corps; car Gianni est toujours son frère, et plus que jamais elle excuse l'excès sauvage d'une colère qui l'a sauvée, elle, des piéges de don Flaminio.

Le peuple, en faveur de l'intercession de son Étoile,

accorde la vie à l'imprudent; seulement, il veut venger Gazella de l'affront qu'elle a reçu.

Il la porte en triomphe aux lueurs des flambeaux, et, impitoyable dans son amour comme dans ses haines, sans s'inquiéter de l'émotion de la danseuse que tant de secousses ont éprouvée, des préoccupations dont la physionomie du frère et de la sœur conserve encore les traces, il demande avec fureur le Pas national italien — la patrie tout entière personnifiée dans une danse enivrante. Le signal se fait entendre, et le rideau tombe sur la tarentelle, qui entraîne dans son tourbillon Gianni, Gazella, la troupe des danseurs et le peuple tout entier.

ACTE DEUXIÈME

PREMIER TABLEAU

Le rideau qui se lève laisse voir un autre rideau : celui d'un théâtre construit chez le vice-roi, et, sur ce second rideau, retombant près de la rampe, est inscrit le titre du divertissement qui va être représenté :

LA RÉVOLTE DES FÉES

Sur l'extrême avant-scène, à droite et à gauche, les siéges destinés aux seigneurs et dames invités par le gouverneur à la représentation de la féerie.

Le vice-roi, le duc de Lemos, don Flaminio sur le devant du théâtre, puis la comtesse Aldini.

Ces divers personnages, tout en souriant d'un air gracieux aux invités, sont fort agités, surtout la comtesse et le duc, père de Raphaël.

Don Raphaël, qui était resté à attendre Gazella sur le bâtiment, n'est point revenu à temps pour la fête donnée à l'occasion de son mariage. La comtesse, sa fiancée, remarque son absence, s'en plaint au duc et interroge don Flaminio, qu'elle a vu au casino engagé avec son fiancé dans des aventures qu'elle ignore. Don Flaminio, qui veut se venger de toutes les mésaventures que lui ont values la préférence de Gazella pour don Raphaël, prend la comtesse à part et lui révèle qu'elle est trahie par son fiancé. Pour preuve, il lui donne le médaillon qui renferme le portrait de Gazella, et qu'il a conservé après l'avoir acheté à l'émissaire de don Raphaël. Émotion et colère de la comtesse en reconnaissant le médaillon qu'elle avait vu au cou de l'infidèle, lorsqu'elle l'a surpris au casino. Mais Jacopo, le chef de la compagnie ambulante, met fin à cette scène en se présentant devant la toile du théâtre improvisé et en venant annoncer, sur l'autorisation du vice-roi, que le ballet va commencer immédiatement.

Les trois coups sont frappés ; le vice-roi, le gouverneur, la comtesse, don Flaminio, tous les invités prennent place. Un siége reste vacant à côté de la comtesse : c'est celui de don Raphaël, qui tarde toujours à venir.

DIVERTISSEMENT FANTASTIQUE

Le rideau, en se levant, a laissé voir un immense jardin féerique éclairé par un effet de lune. Fées, nymphes, génies, sont groupés parmi les fleurs dans le vaste site enchanté qui compose l'empire de la reine Uragana.

Celle-ci entre ; sur sa tête est la couronne d'or, indice de son pouvoir ; elle est préoccupée, agitée au plus haut degré. Elle songe au mortel qu'elle aime et qu'elle a jugé digne de partager sa royauté surnaturelle. Elle a dépêché vers Benvolio sa confidente Fiamma, rapide comme l'élément dont elle porte le nom, pour apprendre à Benvolio l'honneur qui lui est réservé; mais elle fait comprendre que, dans sa jalousie, et craignant que l'homme qu'elle aime ne soit séduit par les charmes de sa messagère, elle a mis sur le front de cette dernière un voile magique dont elle ne peut se dépouiller.

On lui apporte ses bijoux, mais elle les repousse avec une rudesse qui fait connaître le caractère emporté de ce tyran fantastique. Dans les anxiétés de sa jalousie, dans la fièvre de son impatience, elle rudoie ses gracieuses sujettes qui ne supportent qu'en frémissant un joug exercé sur elles au moyen d'un talisman qu'elles ne connaissent pas.

Uragana, qui a refusé toutes les parures qui lui sont offertes, en imagine une plus simple et qui lui siéra mieux sans doute aux yeux de son préféré; elle lève le doigt, et la couronne d'or qui ceint sa tête se change soudainement en une couronne de roses; puis, en attendant le retour de Fiamma, elle essaye quelques-uns des pas qui doivent le séduire.

Cette transformation produit une vive impression sur toutes les fées, qui comprennent alors le secret du talisman grâce auquel la reine les soumet à son oppression.

La reine, ainsi parée, s'irrite encore plus du retard qu'elle subit ; le jour s'est levé et l'on voit à l'horizon Fiamma voilée fendre l'air, amenant sur les ailes du vent le mortel qu'elle est chargée de conduire devant la reine. Mais bientôt Fiamma reparaît seule et toujours voilée.

Étonnement d'Uragana.

Sur un geste rapide de la reine, le voile de Fiamma disparaît.

(A ce moment, la comtesse Aldini, placée parmi les spectateurs sur les côtés du théâtre, au premier plan, et qui, en voyant apparaître Gazella sous le costume et le voile de Fiamma avait éprouvé comme un pressentiment, se lève avec un mouvement violent.

Quand sa rivale se dévoile, elle reconnaît l'original du portrait qu'elle tient en ses mains; mais don Flaminio la rappelle à la prudence et lui recommande de ne pas troubler la représentation, qui se continue.)

La fée Uragana demande impatiemment à sa messagère le résultat de son voyage. Fiamma annonce en tremblant à sa souveraine que Benvolio, repoussant l'offre de sa main et de son pouvoir, refuse maintenant de paraître devant elle.

La colère d'Uragana ne connaît plus de bornes! A cette révélation, elle accuse Fiamma d'aimer celui que sa reine avait choisi. Le trouble de Fiamma prouve que l'accusation n'est pas tout à fait injuste ; mais elle proteste qu'elle a rempli fidèlement sa mission. — Ses protestations, ses prières n'arrêtent pas un moment la reine, qui va cruellement punir celle par qui elle se croit trahie. Elle frappe du pied : des fées armées apparaissent pour servir sa colère. Et en même temps la couronne de fleurs de l'amante délaissée redevient sur son front la couronne d'or de la souveraine implacable.

Mais Fiamma, injustement condamnée, en appelle à ses compagnes, qui, pour sauver la plus charmante et la plus aimée d'entre elles, se décident à secouer un joug qui leur pèse. La révolte qui fermentait déjà éclate comme la tempête.

Les fées se précipitent sur les satellites de leur tyran et les désarment.

Tableau d'une révolution dans le monde féerique. La reine est entourée, assaillie, la couronne lui est enlevée. Uragana est garrottée avec des guirlandes de fleurs, entraînée, et c'est à Fiamma que les fées donnent unanimement la couronne et le pouvoir magique ravis à la souveraine déchue.

Fiamma, libre et reine, peut enfin se livrer aux inspirations de son cœur : elle étend le bras armé des pouvoirs que lui donne la couronne féerique, et bientôt, en effet, une musique mystérieuse annonce l'arrivée de Benvolio, attiré vers elle par une force irrésistible.

Mais, au moment où il va paraître, la nouvelle reine des fées ne veut pas devoir la préférence de celui qu'elle aime à un pouvoir surnaturel ; elle ôte sa couronne et remet le voile sous lequel elle a paru aux yeux de Benvolio, et ordonne qu'on la laisse seule avec lui.

Benvolio revoit avec transport la charmante messagère; il avait deviné à travers le voile des attraits qui déjà lui faisaient oublier la reine qui l'honorait de son choix. Il supplie Fiamma d'ôter ce voile qui retarde le bonheur de la contempler. Le voile tombe à la fin de l'adagio du pas auquel prennent part toutes les fées. (Divertissement général.)

Mais, au moment où la fée Fiamma exprime tous les sentiments que lui inspire l'orgueil de son triomphe et la joie de son bonheur, Gazella, qui joue ce rôle, aperçoit don Raphaël, qui vient d'entrer dans le salon du vice-roi et prend place à côté de la comtesse, à laquelle il baise respectueusement la main.

En apercevant celui qu'elle aime sous de riches habits, l'humble ballerine comprend qu'elle a été trompée, et que celui auquel elle croyait pouvoir appartenir est à jamais séparé d'elle par le rang et la fortune; elle court à lui désolée.

Don Raphaël, qui ne s'attendait pas à retrouver Gazella dans le palais de son père, partage ce trouble au plus haut degré; la comtesse éclate.

Gazella les accable de malédictions. A son tour, la comtesse, dans sa fureur, demande vengeance au père de don Raphaël. Le vice-roi lui-même ordonne de cesser la représentation. Gianni et Jacopo emmènent Gazella presque évanouie.

Tous les personnages de la féerie se dispersent en désordre.

Don Raphaël veut défendre Gazella ; mais son père lui fait comprendre qu'il doit trembler pour celle qu'il aime, s'il ne tient pas ses engagements envers sa fiancée. Anxiété et désespoir de don Raphaël, auquel la comtesse rappelle ses serments trahis.

Don Flaminio fait comprendre à l'amante outragée que, si elle veut le suivre, tout lui sera révélé. (Sortie générale.)

DEUXIÈME TABLEAU

L'intérieur de l'hôtellerie des danseurs nomades

Jacinta attend seule le retour de la troupe. Jacopo paraît tout effaré avec une partie des danseurs et raconte à la vieille actrice tout ce qui s'est passé dans le palais ; puis il sort, toujours aussi troublé. Jacinta reste seule.

Paraît don Flaminio, précédant la comtesse masquée. Don Flaminio, armé d'un plein pouvoir signé du vice-roi, ordonne à Jacinta de faire cacher la comtesse. Elle ne veut aucun mal aux hôtes de cette demeure; mais elle tient à être informée de ce qui va s'y passer. Jacinta, épouvantée, fait cacher la comtesse derrière un rideau d'où elle pourra être témoin de tout ce qui arrivera.

Paraît Gazella, épuisée par tant de fatigues et d'émotions, appuyée sur le bras de Gianni.

Gianni, d'un geste, ordonne à Jacinta de sortir, car il veut s'expliquer avec l'ingrate, qu'il entoure toujours de ses soins dévoués. Il a compris, à l'émotion de la jeune fille lorsqu'elle a vu paraître don Raphaël dans le palais, que c'est ce dernier qui est aimé.

L'amour de la danseuse est plus excusable, mais ne l'en conduira pas moins à sa perte. Elle doit oublier don Raphaël. Ne peut-elle trouver avec un autre un bonheur qui n'est pas la honte?

Gazella répond que jamais elle n'oubliera don Raphaël.

La jalousie, le désespoir qui aiguillonnent Gianni font éclater toute la passion de son cœur : ce n'est plus un frère, c'est un amant qui tombe aux pieds de Gazella.

Horreur de celle-ci! Mais cet amour n'est pas un

crime. Ce titre de frère, Gianni l'a usurpé ; il avait trouvé abandonnée Gazella tout enfant. En la voyant croître si charmante, il a senti naître peu à peu dans son cœur un irrésistible amour, pour lequel il lui demande grâce avec une explosion touchante.

Gianni presse, supplie. Gazella ne peut s'arracher de ses bras désespérés ; à ce moment, don Raphaël paraît.

Émotion de Gazella. Gianni, qui s'était borné aux larmes, aux supplications avec la jeune fille, bondit de rage à la vue de Raphaël : il se jette sur une épée. Don Raphaël tire la sienne et Gazella est impuissante à séparer les combattants ; don Raphaël est désarmé.

Mais soudain apparaît la comtesse : elle se présente à don Raphaël, lui rappelle avec vivacité ses serments, ce titre de fiancé qui les unit tous deux, lui montre l'anneau qu'elle porte à son doigt. Don Raphaël est atterré : la comtesse veut l'entraîner ; mais Gazella se place devant la porte et défend que personne ne sorte ; car elle veut tous les accabler de son implacable et généreuse résolution.

Elle abdique tous ses droits sur le cœur de Raphaël : celui-ci veut encore lui sacrifier patrie, fortune, ambition, devoirs de fils et de fiancé. Elle refuse ! elle déclare à don Raphaël qu'elle part avec ceux qui sont devenus sa seule famille et que tout est fini à jamais entre eux.

Sa résolution semble si énergique, sa contenance si décidée, que don Raphaël demeure sans force contre elle. Le duc de Lemos, qui a reparu, entraîne son fils ainsi que la comtesse, tandis que Gianni, qui peut espérer enfin, s'empare de Gazella.

Tout le monde sort.

TROISIÈME TABLEAU

Place de Messine et vue du port de mer. Au fond, la galère où vont partir les danseurs nomades.

C'est le dernier jour de carnaval, jour fixé en même temps pour le mariage de Raphaël et de la comtesse.

La place est remplie de monde. On achète, on rit, on se promène. — Mouvement général; la gaieté est à son comble. Don Flaminio, qui se promène, est plaisanté et volé dans la foule.

Danses vives et variées où se retrouve le caractère des différentes provinces de l'Italie. Le *ballabile* est interrompu par l'arrivée du cortége nuptial. Raphaël, qui marche comme à la mort, s'efforce de déguiser sa douleur aux yeux de la comtesse. — Celle-ci ne peut contenir son orgueilleuse joie.

Raphaël cherche encore des yeux Gazella, il ne la voit pas et se dirige avec la comtesse vers l'église. C'est don Flaminio qui préside toujours à tout et qui accompagne les jeunes époux.

A peine sont-ils entrés dans l'église, que Gazella arrive, suivie de Gianni et de Jacopo, entourée de jeunes filles.

Les jeunes filles cherchent à la consoler et voudraient qu'elle dansât une dernière fois. Elle refuse en pleurant, mais à ce moment don Flaminio sort de l'église; il aperçoit Gazella. Dans sa colère de vieux fat éconduit, il lui fait comprendre qu'elle eût été plus heureuse si elle l'avait écouté et insulte à sa douleur. Gazella, irritée, poussée à bout, ne veut plus donner ses larmes en spectacle au libertin qui l'outrage, à l'ami de l'homme qui a cessé de l'aimer. Elle veut prouver que son cœur n'appartient plus à l'ingrat; que désormais elle répond à l'abandon par l'indifférence; elle n'est plus désormais que la danseuse populaire vivant pour les frères qui l'aiment, ne pensant plus qu'à ses succès voyageurs ! Elle s'aélnce avez un effort surhumain et se livre à la danse avec un tel entraînement, que tout le peuple est électrisé et applaudit avec plus de fureur que jamais l'idole qui va disparaître.

Au moment où Gazella danse avec le plus de frénésie, pour prouver qu'elle a oublié l'ingrat, le son de la cloche se fait entendre, annonçant la fin du mariage. Les deux époux sortent de l'église; à leur vue, Gazella frémit, chancelle; elle veut continuer à danser pour braver en face celui qui a pu consentir à en accepter une autre; mais ses forces la trahissent. Le cœur de la pauvre ballerine se brise; elle tombe entre les bras de Gianni, et ses derniers regards ne rencontrent que les yeux désolés de l'ami qui n'a jamais vécu que pour elle.

A la vue de la danseuse expirante, don Raphaël veut s'élancer vers elle; mais Gianni lui défend d'approcher; il a jeté son manteau sur Gazella! Vivante, elle n'a pu lui appartenir; morte, elle ne peut être qu'à lui.

En ce moment le vaisseau qui devait emmener Gazella a paru au fond; et le canon donne le signal de ce départ impossible désormais. La cloche a continué à tinter, et les rayons du soleil couchant illuminent ce dernier tableau.

FIN.

Paris. — Imp. PILLET fils aîné, 5, rue des Grands-Augustins.

PARIS. — IMPRIMERIE J. CLAYE, 7, RUE SAINT-BENOIT.

www.ingramcontent.com/pod-product-compliance
Lightning Source LLC
LaVergne TN
LVHW020303230826
846091LV00006B/2506
* 9 7 8 2 3 2 9 5 9 0 8 1 3 *